Vocal • Piano

Cover Photo: Michael Ochs Archives/Getty Images

ISBN 978-1-4803-9616-6

HAL•LEONARD® CORPORATION
7777 W. BLUEMOUND RD. P.O. BOX 13819 MILWAUKEE, WI 53213

Visit Hal Leonard Online at
www.halleonard.com

ALL I COULD DO WAS CRY

Words and Music by GWEN GORDY FUQUA,
BERRY GORDY and ROQUEL DAVIS

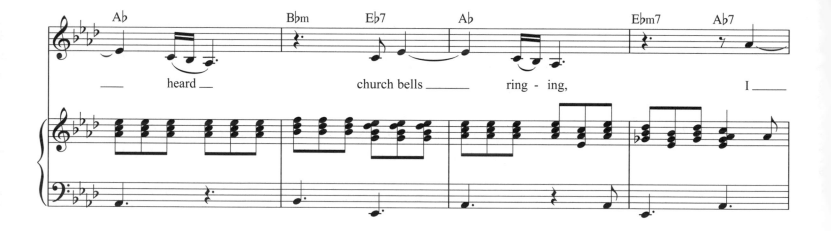

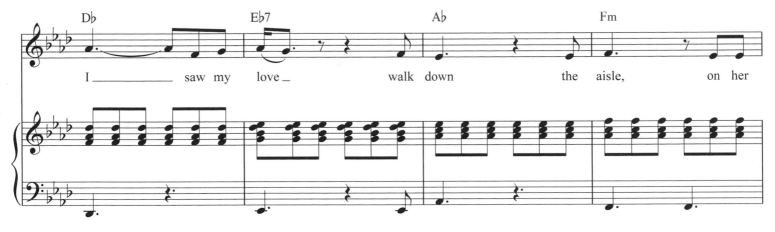

I _____ saw my love _ walk down the aisle, on her

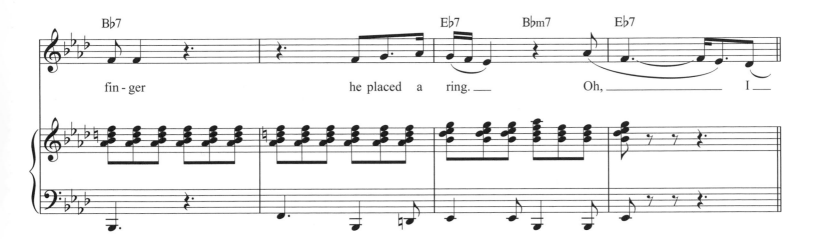

fin - ger he placed a ring. ___ Oh, _____ I _

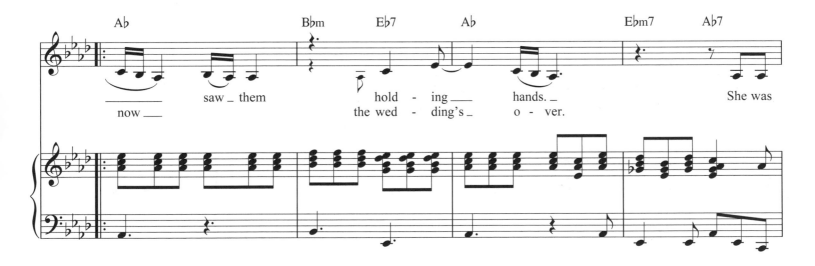

_____ now _ saw _ them hold - ing ___ hands. _ She was
now _ the wed - ding's _ o - ver.

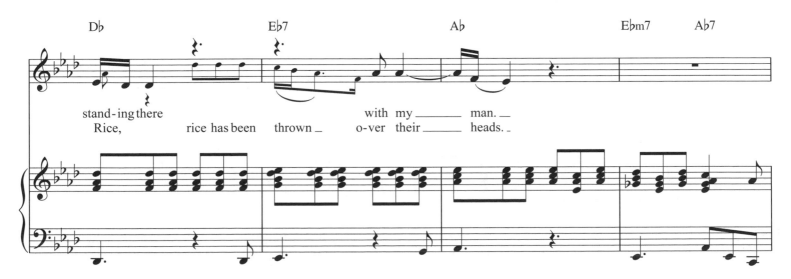

stand-ing there with my _____ man. _
Rice, rice has been thrown _ o-ver their _____ heads. _

I heard them prom-ise, "'Til death do us ____ part". Each but
For them, life ____ has just be - gun,

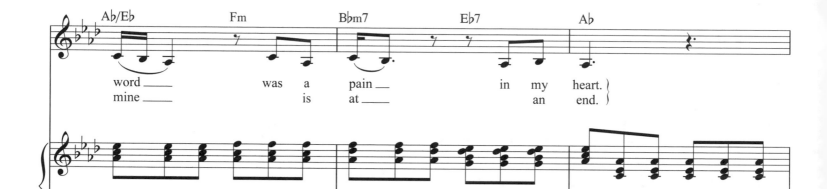

word ____ was a pain ____ in my heart.
mine ____ is at ____ an end.

All _____ I could do, ____ all I could do was cry. ____

(Cry, cry, cry.) All _____ I could

do was cry. _____ (Cry, cry, cry.) I _____ was

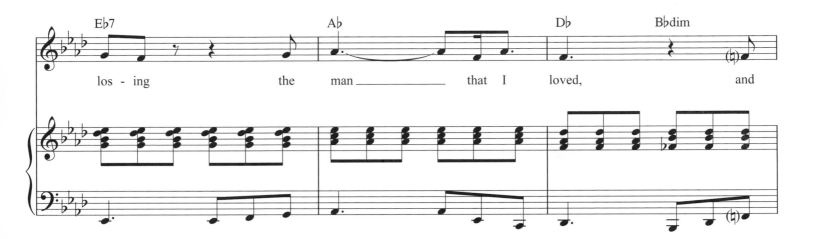

los - ing the man _____ that I loved, and

all _____ I could do _____ was cry. ___

Yeah, ___ and cry. _____

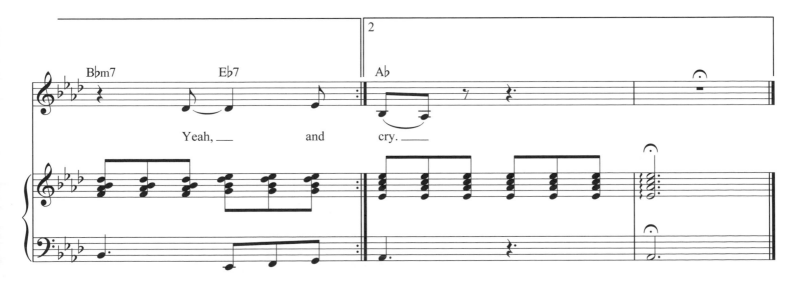

AT LAST

Lyric by MACK GORDON
Music by HARRY WARREN

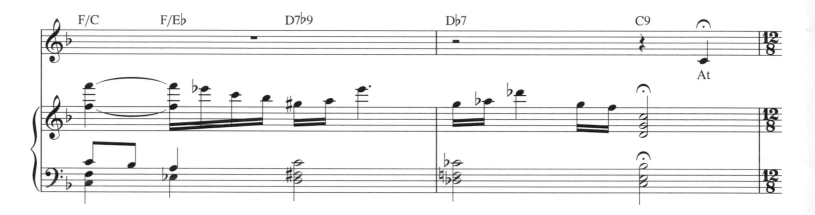

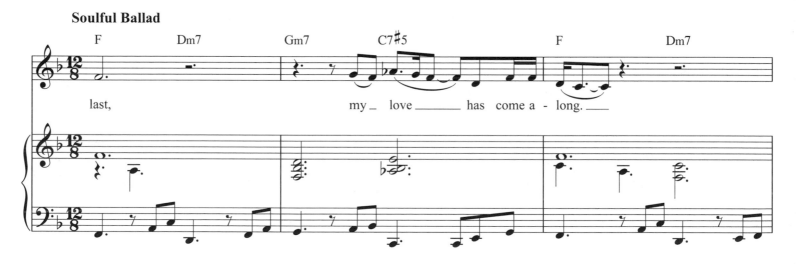

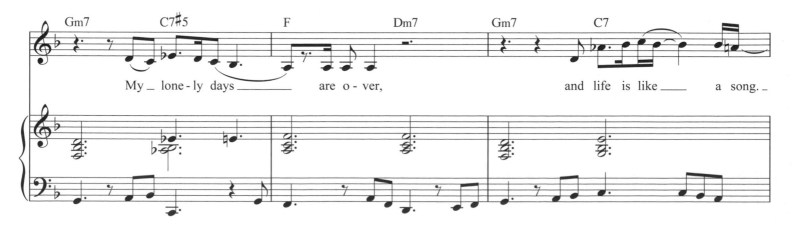

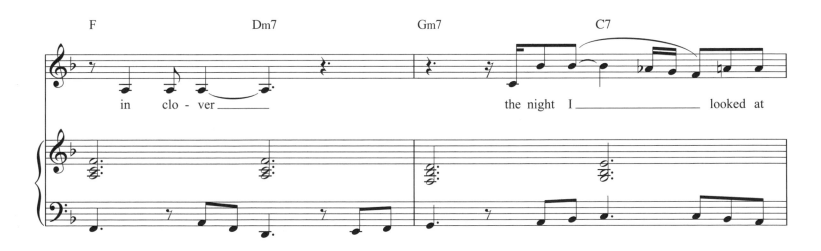

could speak to, a dream that I _____ can call my

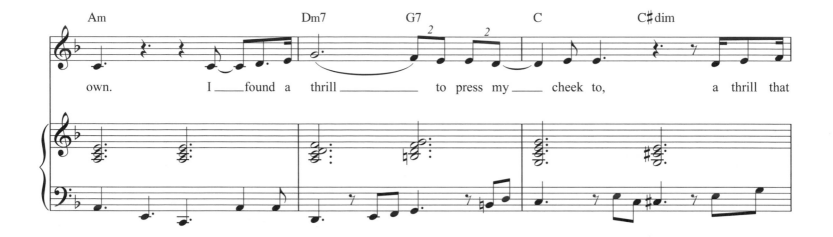

own. I ___ found a thrill _____ to press my ____ cheek to, a thrill that

I _____ have nev - er known. _ Oh _____ yeah, _ yeah, _ and you _

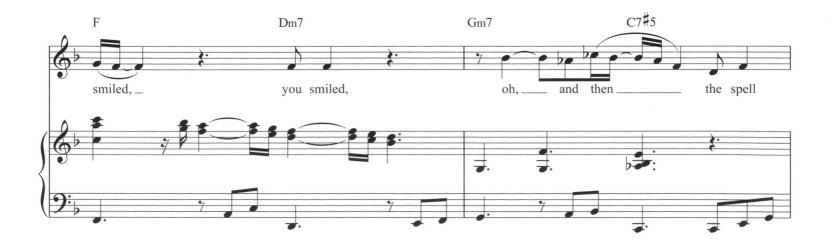

smiled, _ you smiled, oh, ___ and then _____ the spell

was cast. ___ And here ___ we are ___ in ___ heav-en,

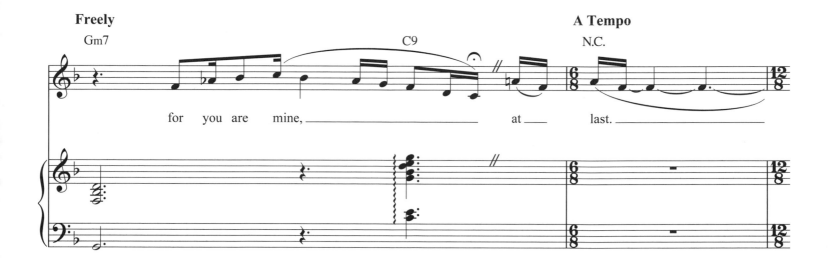

Freely ___ **A Tempo**

for you are mine, ___ at ___ last. ___

DAMN YOUR EYES

Words and Music by BARBARA WYRICK
and STEVE BOGARD

I gave my-self a good talk-ing to.
I guess I see what I wan-na see. No more be-in' a fool
Or is it my heart just de-

for you. But I see you, and all I re-mem-ber is
ceiv-in' me? 'Cause with that look I know so well, I

how you make me wan-na sur-ren-der.
fall com-plete-ly un-der your spell. Damn your eyes

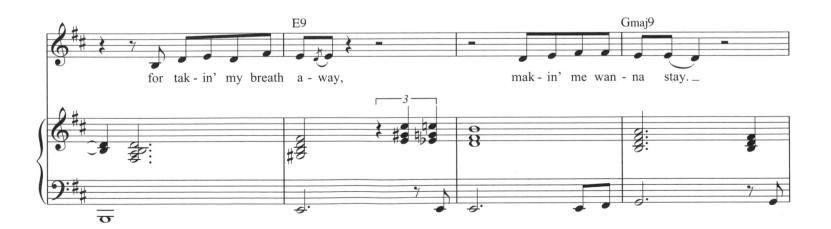

for tak-in' my breath a-way, mak-in' me wan-na stay.

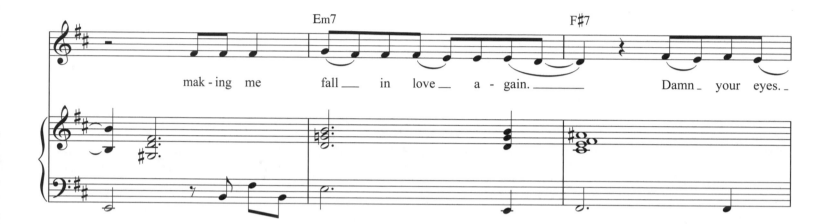

Damn_ your eyes _____ for get-ting my hopes _ up high,

mak-ing me fall __ in love __ a-gain. _____ Damn_ your eyes. _

It's

Instrumental Solo

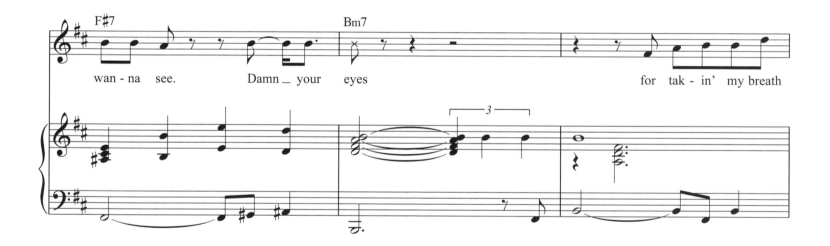

You keep de-lib-'rate-ly de-ceiv-in' me, mak-in' me see __ what I

wan-na see. Damn __ your eyes for tak-in' my breath

a-way, for mak-in' me wan-na stay. Damn __ your eyes __

for get - tin' my hopes up high,

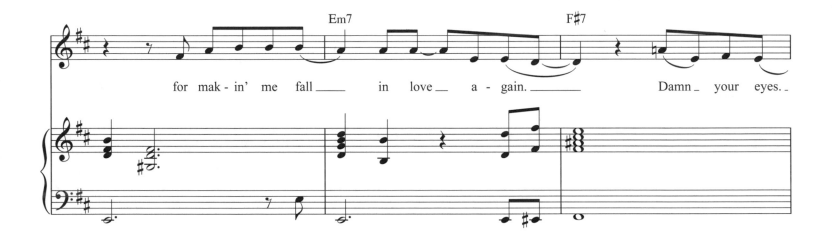

for mak - in' me fall _____ in love _____ a - gain. _____ Damn _ your eyes.

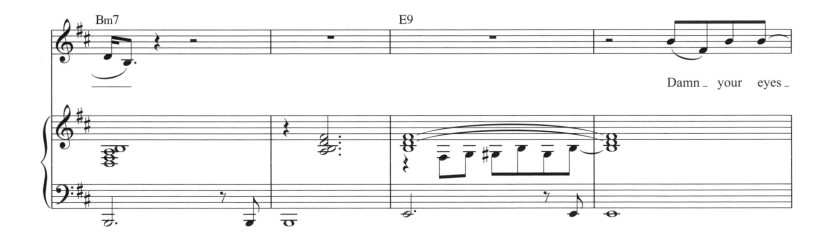

Damn _ your eyes _

for tak - in' my breath a - way.

Damn, damn your eyes for get-tin' my hopes __

__ up high, __ for mak-in' me fall __ in love, __

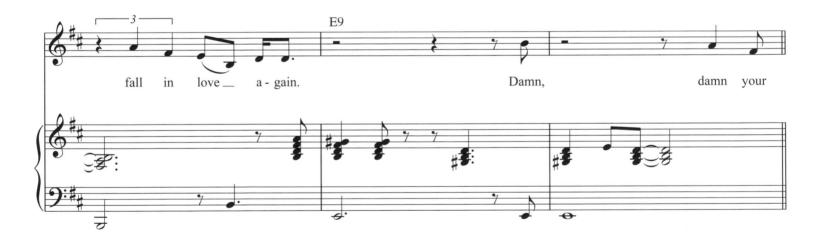

fall in love __ a-gain. Damn, damn your

Optional Ending

Repeat and Fade

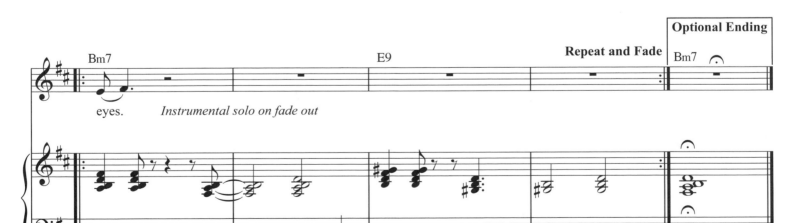

eyes. *Instrumental solo on fade out*

DANCE WITH ME HENRY
(The Wallflower)

Words and Music by HANK BALLARD,
ETTA JAMES and JOHNNY OTIS

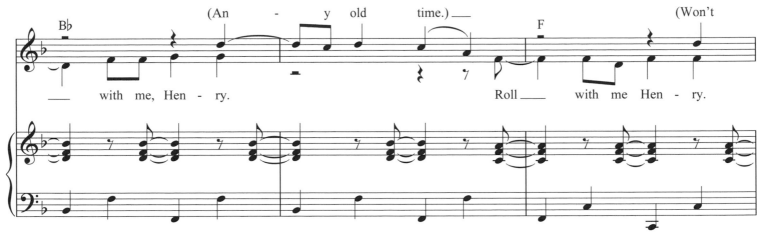

mis-sion in a min-ute, so you bet-ter get with it. Roll

with me, Hen - ry. You bet-ter roll it while the roll - in' is

on, roll on, roll on, roll on. Ooh, _____ ooh, _____ ooh, _____ ooh wee.

Hen - ry, you __ ain't mov-in' me. You bet-ter feel __ that

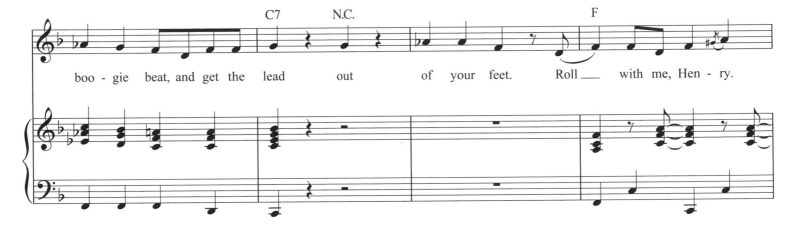

boo - gie beat, and get the lead out of your feet. Roll ___ with me, Hen - ry.

Roll ___ with me, Hen - ry. Roll ___ with me, Hen - ry.

Roll ___ with me, Hen - ry. Roll ___ with me, Hen - ry. ___

___ You bet - ter roll it while the roll - in' is on, roll on, roll on, roll on.

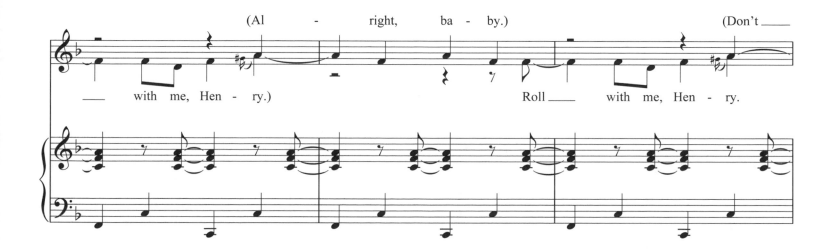

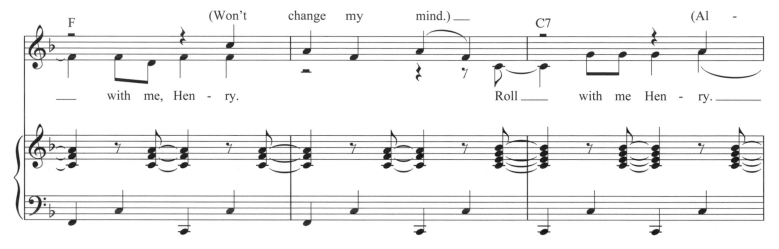

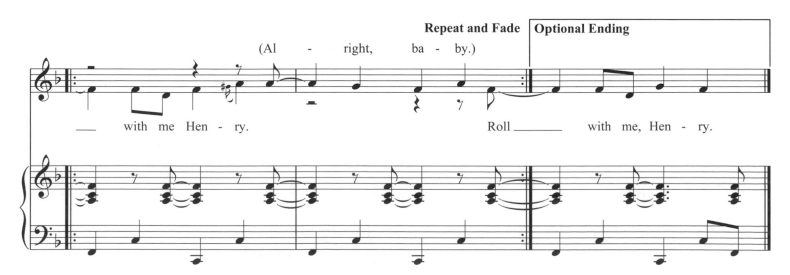

I JUST WANT TO MAKE LOVE TO YOU

Written by
WILLIE DIXON

Driving Blues

I don't want you

to be no slave. ___ I don't want you to work all day. ___

But I want you to be true, ___ and I just wan-na make

love _ to you,   love _ to you,   ooh, _   ooh, ____

love _ to you.   All I want   to do is

wash your clothes. _   I don't want   to keep   you in - doors. _

There is no - thing for   you to do, _   but keep   me mak - in'

whole wide world. All __ I want __ you to do is make your bread, __

just to make sure __ that you're __ well fed. __ I don't want you

To Coda ⊕

sad and blue, __ and I just wan - na make love __ to you,

love __ to you, ooh, __ ooh, __ love __ to you,

ooh. ___ *Saxophone solo*

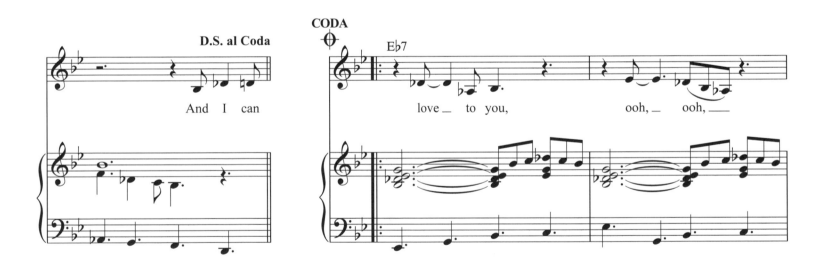

D.S. al Coda

CODA

And I can

love ___ to you, ooh, ___ ooh, ___

Repeat and Fade | **Optional Ending**

love ___ to you, ooh, ___ ooh, ___

FOOL THAT I AM

Words and Music by
FLOYD HUNT

Torchy Jazz Ballad

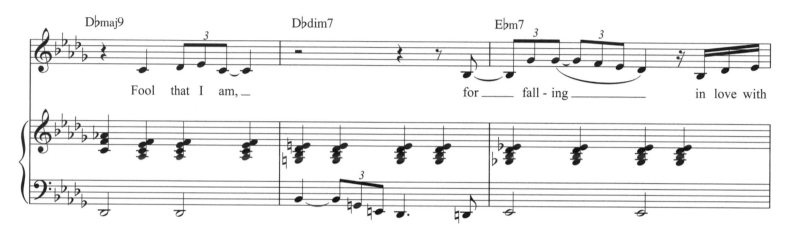

Fool that I am, ___ for ___ fall-ing ___ in love with

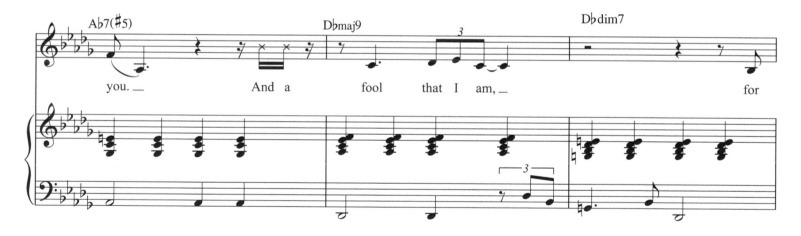

you. ___ And a fool that I am, ___ for

think - ing you loved me too. You ___

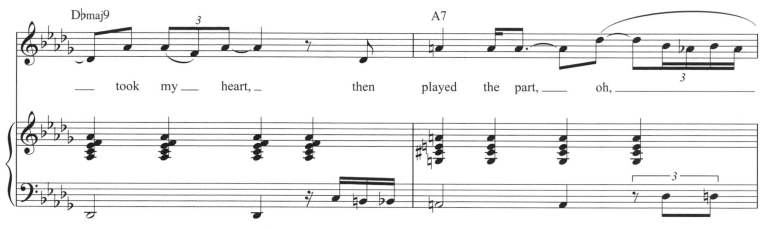

took my heart, then played the part, oh,

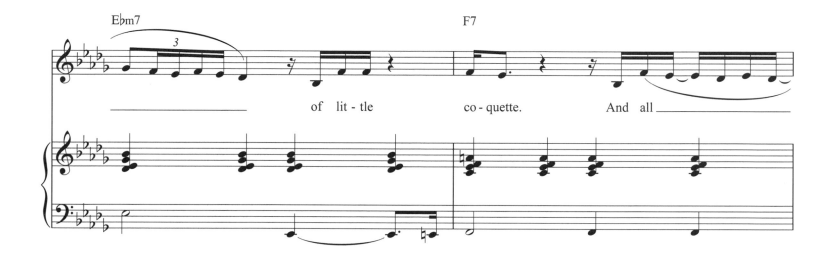

of lit - tle co - quette. And all

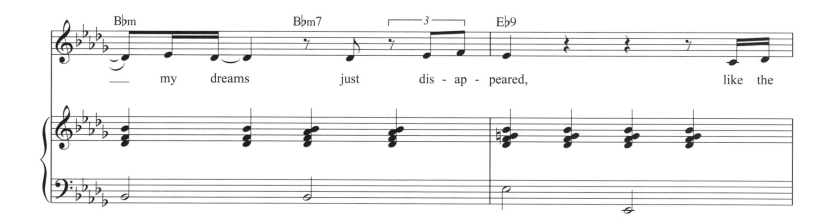

my dreams just dis - ap - peared, like the

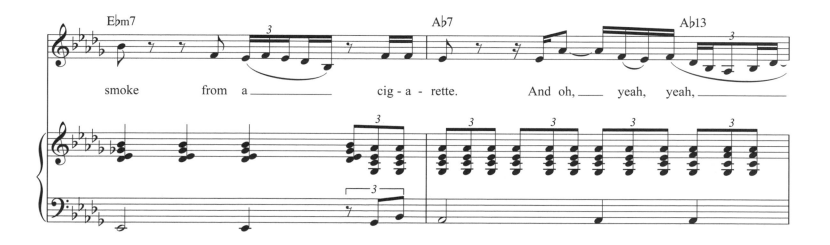

smoke from a cig - a - rette. And oh, yeah, yeah,

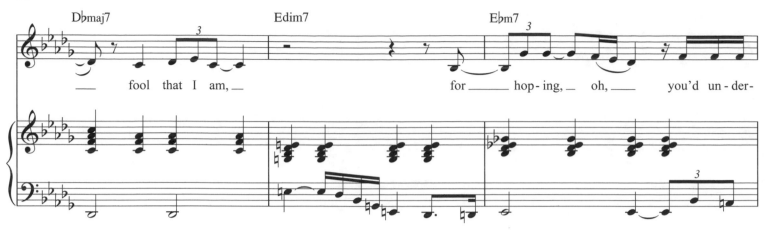

fool that I am, __ for _____ hop-ing, __ oh, __ you'd un-der-

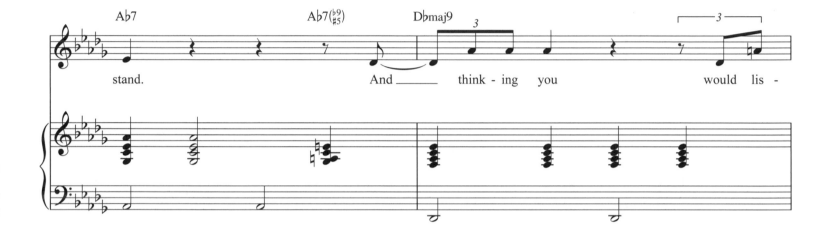

stand. And _____ think-ing you would lis-

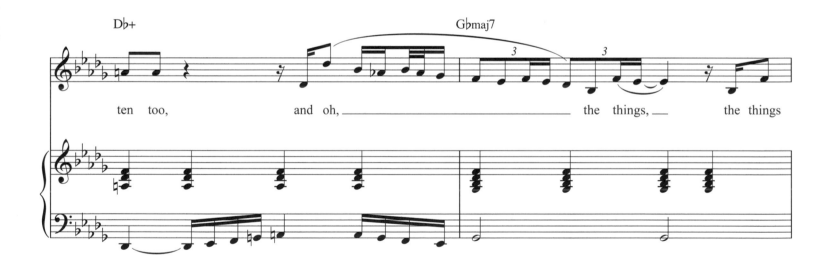

ten too, and oh, _____ the things, __ the things

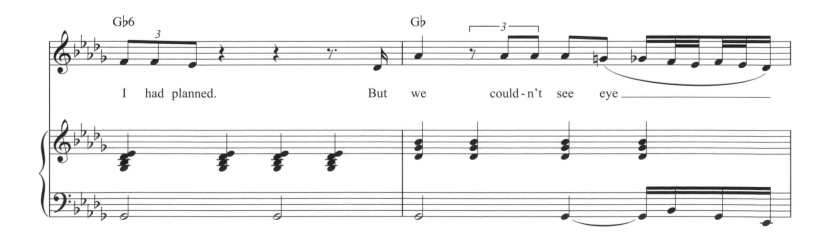

I had planned. But we could-n't see eye _____

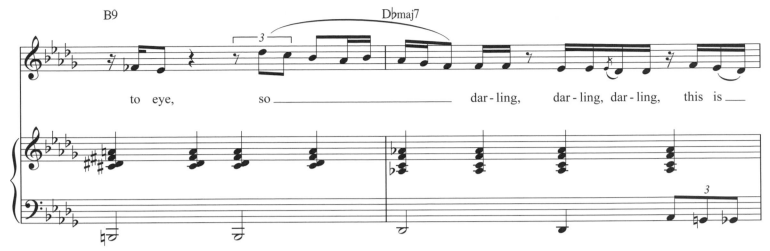

I'D RATHER GO BLIND

Words and Music by ELLINGTON JORDAN
and BILLY FOSTER

when I saw you ___ and her _____ talk - ing.

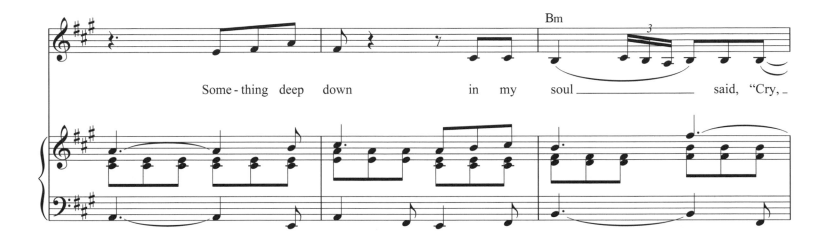

Some - thing deep down ___ in my soul _____ said, "Cry, ___

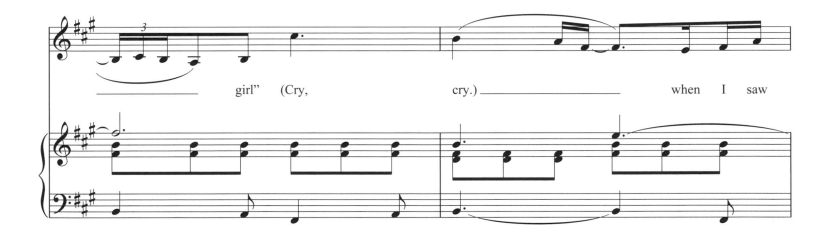

_____ girl" (Cry, _____ cry.) _____ when I saw

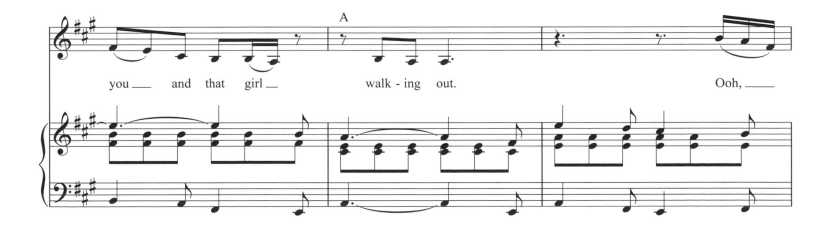

you ___ and that girl ___ walk - ing out. Ooh, _____

I would rath - er, I would rath - er go blind, _____

_____ boy, than to see you _

_____ walk a - way _____ from me, _ child, _____ no. _____

Ooh, _____ so you see, I love you so much

that I don't wan-na watch you leave me, babe.

Most of all, I just don't, I just don't wan-na

be free, no. Ooh, ooh, I was just,

I was just, I was just sit-tin' here think-in'

of your kiss ___ and your warm ___ em - brace, yeah. ___

When the re - flec - tion in the glass ___ that I held ___

___ to my lips now, babe, ___ (Yeah,

yeah.) _____ re - vealed the tears that was on _____

my face, __ yeah. __ Ooh. _____ And ba - by, ba -

- by, I'd rath - er, I'd rath - er be blind, _____ boy,

than to see you walk a - way, see you walk a - way from

me, _____ yeah. __ Ooh. _____

IF I CAN'T HAVE YOU

Words and Music by HARVEY FUQUA
and ETTA JAMES

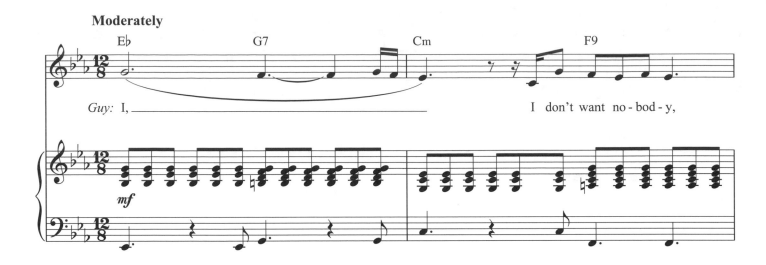

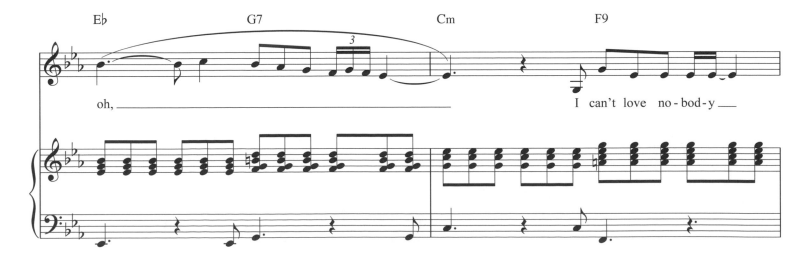

Un - less I'm _____ lov - ing you. _____   *Guy:*   *Girl:* The way you

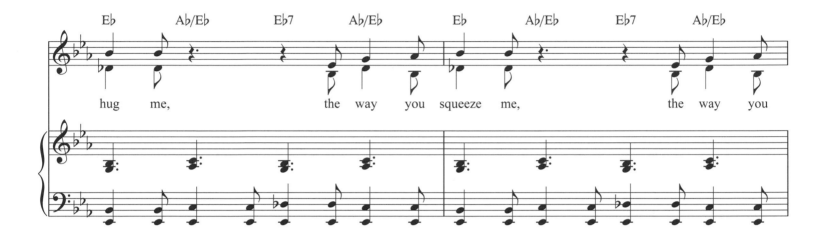

hug me,   the way you squeeze me,   the way you

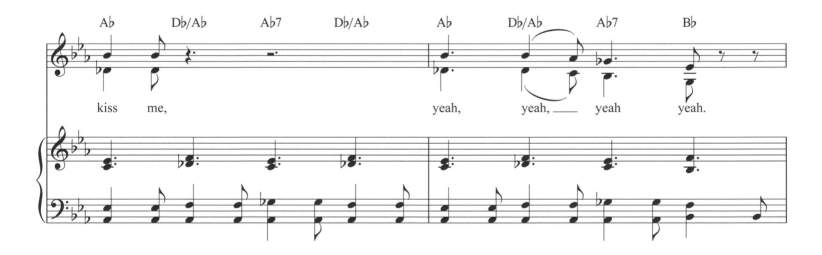

kiss me,   yeah,   yeah, _____ yeah   yeah.

Yeah,   yeah,   yeah,   yeah, _____ yeah,   if _____ I   can't _____ have _____

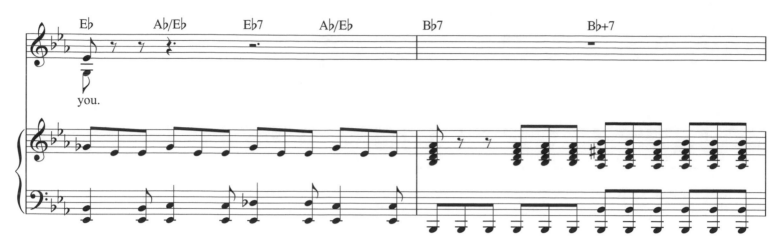

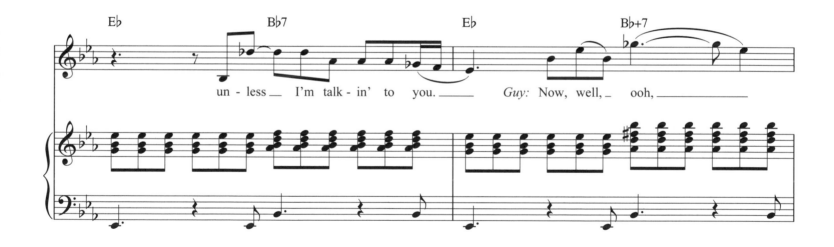

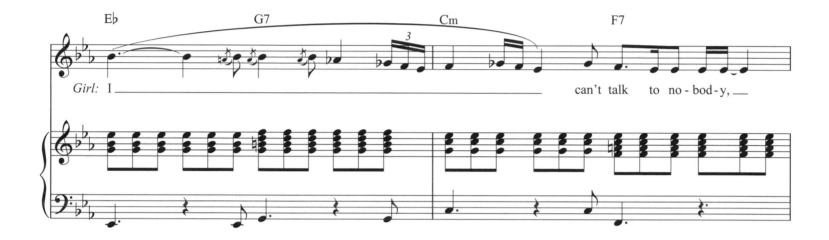

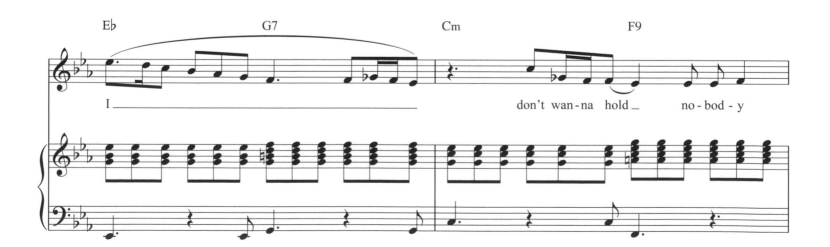

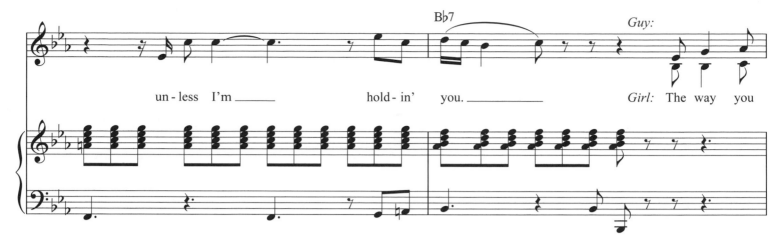

un - less I'm _____ hold - in' you. _____ *Guy:* / *Girl:* The way you

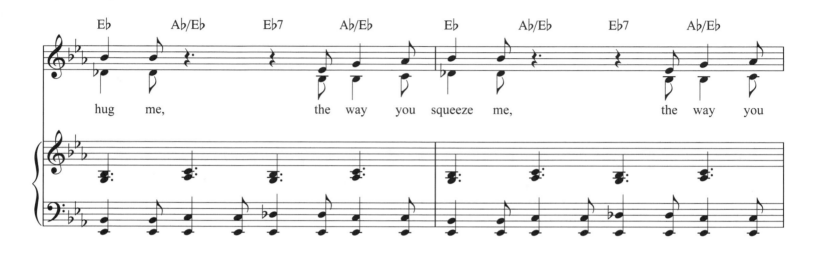

hug me, the way you squeeze me, the way you

kiss me, yeah, yeah, __ yeah, yeah. Yeah, yeah, yeah, yeah, __

yeah. If ___ I can't ___ have ___ you.

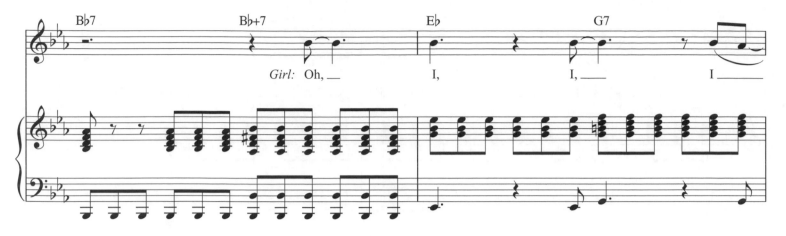

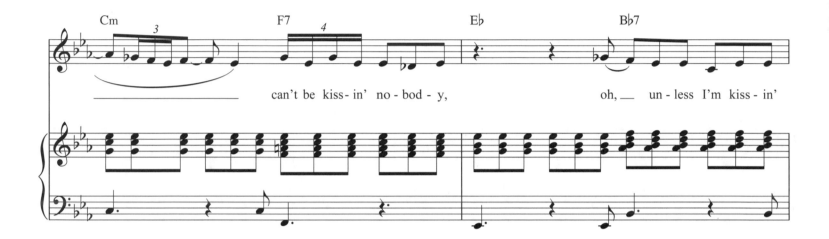

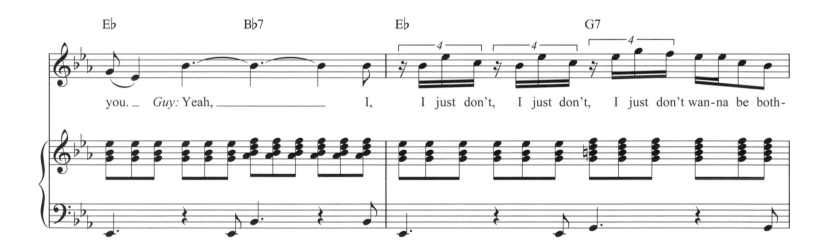

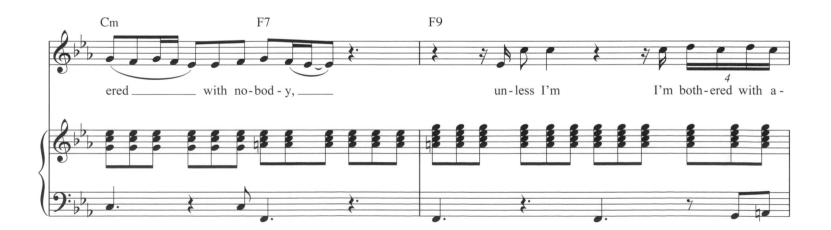

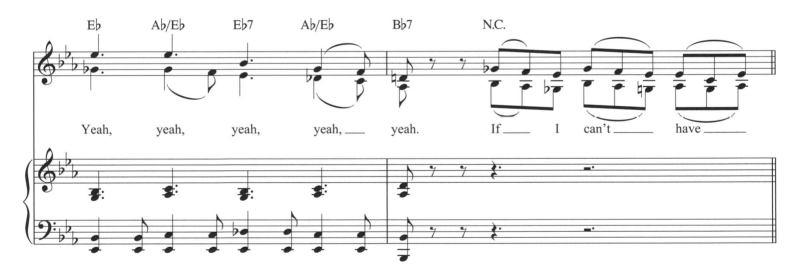

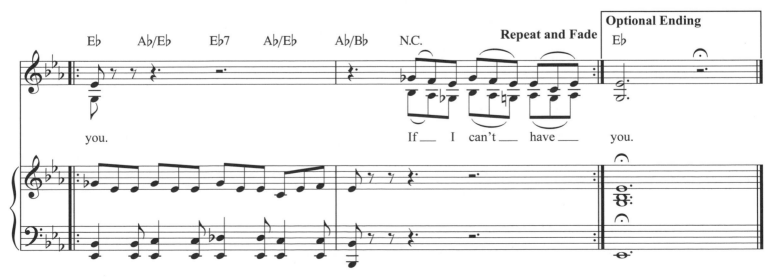

IN THE BASEMENT

Words and Music by BILLY DAVIS,
RAYNARD MINER and CARL SMITH

Funky Blues

Oh, _____ now tell me, where can you par - ty, child, all __ night long? In the
Where can you dance __ to an - y mu - sic you choose? In the
where they don't check your age _____ at the __ door. In the

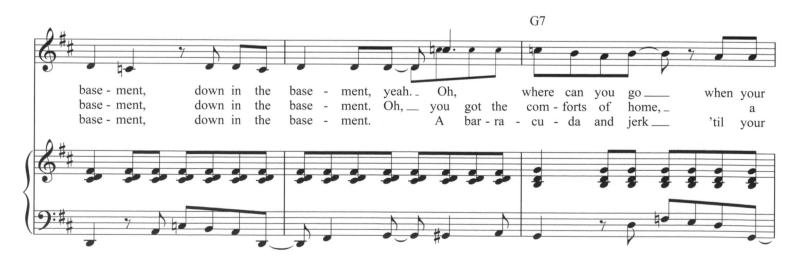

base - ment, down in the base - ment, yeah. Oh, where can you go __ when your
base - ment, down in the base - ment. Oh, __ you got the com - forts of home, __ a
base - ment, down in the base - ment. A bar - ra - cu - da and jerk __ 'til your

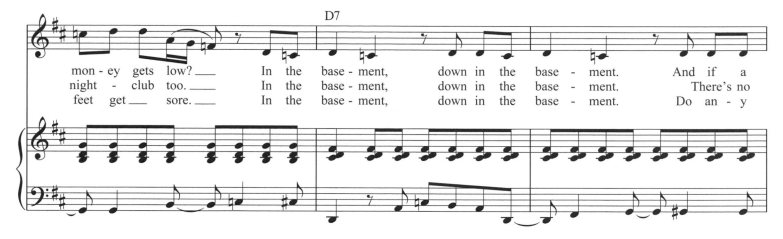

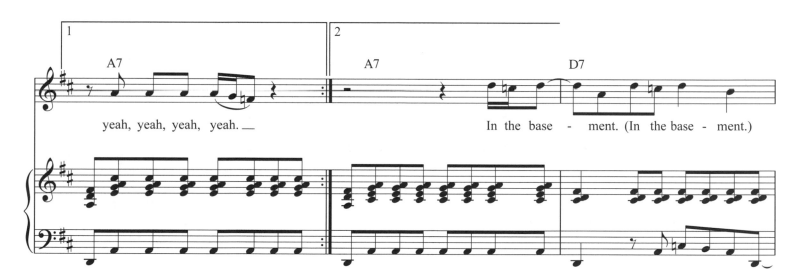

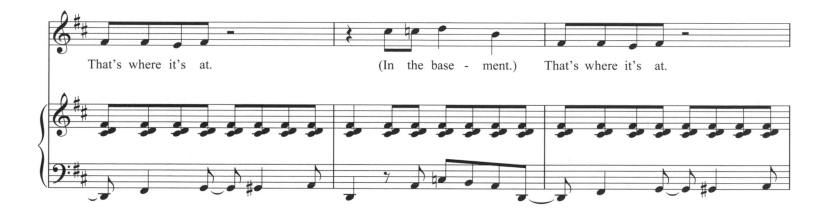

(In the base - ment.) That's where it's at. (In the base - ment.)

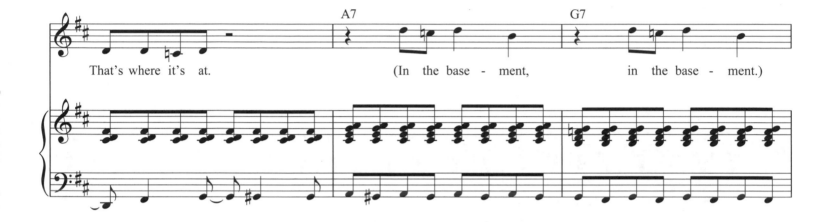

That's where it's at. (In the base - ment, in the base - ment.)

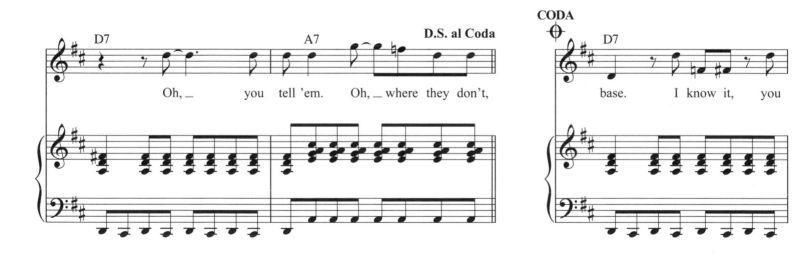

Oh, __ you tell 'em. Oh, __ where they don't, base. I know it, you

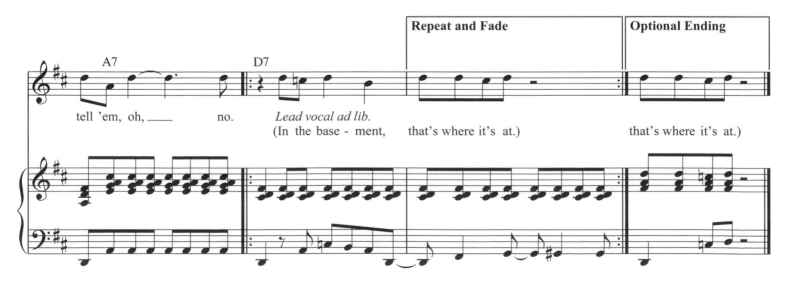

tell 'em, oh, ____ no. *Lead vocal ad lib.*
(In the base - ment, that's where it's at.) that's where it's at.)

MY DEAREST DARLING

Words and Music by EDDIE BOCAGE
and PAUL GAYTEN

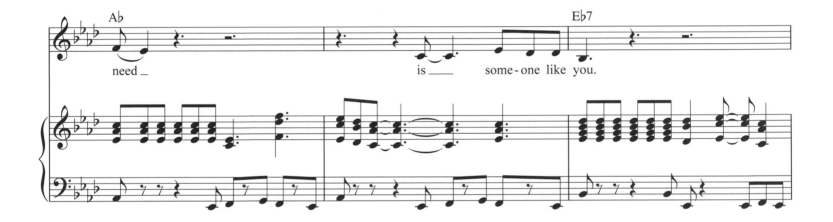

please, _____ love me too. _____

With-in _____ my ____ heart, _

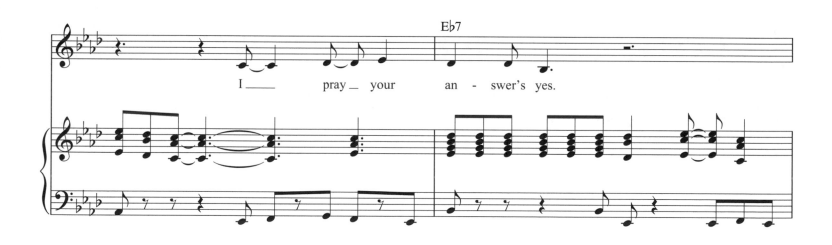

I ____ pray __ your an - swer's yes.

I'll _____ make your life

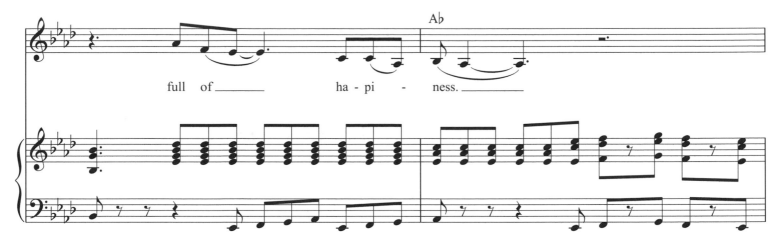

full of _____ ha - pi - ness. _____

Oh, _____ when you need me,

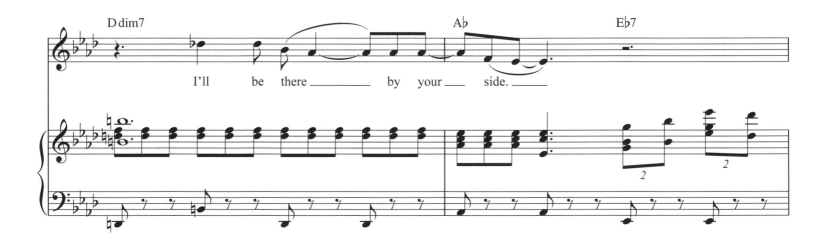

I'll be there _____ by your _____ side. _____

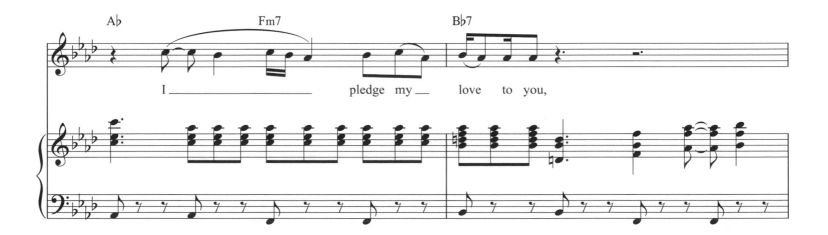

I _____ pledge my _____ love to you,

with God _____ as our guide. ___ Oh, _____

noth - ing, ___ noth - ing, ___ noth - ing ___ in this world _____

can ___ keep us a - part.

Ooh, _____ my dear - est dar - ling,

I _____ of - fer _____ you my _____ heart. _____

Oh, _____ yeah, ___ when - ev - er you

Oh, _____ I'm of - fer - ing ___ you my

heart. _

Ooh, _____ my ___

Repeat and Fade

Optional Ending

dear - est dar - ling. *Vocal ad lib on fade*

PUSHOVER

Words and Music by BILLY DAVIS
and TONY CLARKE

'60s Pop

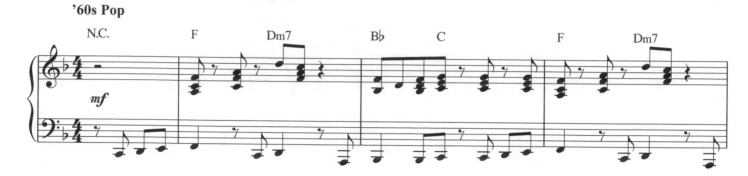

So you told ____ all the boys ____ that
girls ____ think you're fine. ____ They

you were gon - na take me out. E - ven, _____ you
e - ven call you Ro - me - o. You got 'em, yeah, you you

e - ven had the nerve to make a bet. Yes, you did. That
got 'em run - nin' to and ___ fro. ___ Yes, you have. But

I, I would give in, ___ all of my love ___ you would win. ___

I don't want a one-night thrill, ___ I want a love ___ that's for real. ___

___ But you have-n't you have-n't won it yet. ___

___ And I can tell by your line, ___ yours is not the last-in' kind. ___

You took me for a push, ___

oh, oh, you thought I was a push, ___ oh, oh, I'm not a

(o - ver.) (o - ver.)

It makes me weak, and I, I start to bend. And then I stop and think a - gain,

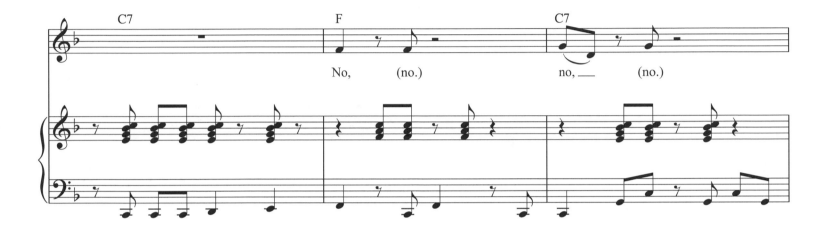

No, (no.) no, ___ (no.)

no, ___ don't let your - self go. ___ I hate to spoil your rep - u - ta -

tion. I want true love, _____ not an im - i - ta - tion, and I'm

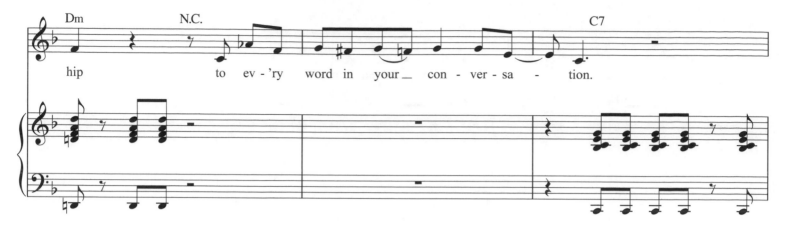

hip   to ev -'ry word in your __ con - ver - sa - tion.

You took   me for a   push, _____   oh,   oh, __ I'm not a
                                                              (o - ver.)

push,   oh,   oh, you thought I was a   push, _____
                    (o - ver.)

Optional Ending

Repeat and Fade

oh,   oh, __ you can't.   *Lead vocal ad lib*
(o - ver.)   (Push   me   o - ver.)

SOMETHING'S GOT A
HOLD ON ME

Words and Music by ETTA JAMES,
LEROY KIRKLAND and PEARL WOODS

Very Freely

Oh, _____ some - times _____ I get a good feel - ing, yeah. _____

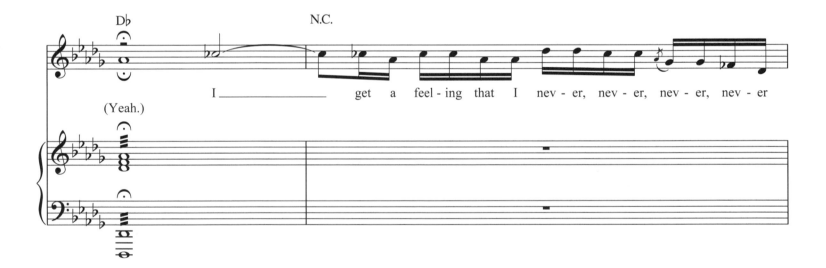

I _____ get a feel - ing that I nev - er, nev - er, nev - er, nev - er

(Yeah.)

had be - fore, _ no, no. _____ I just wan - na tell you right now _____ that I,

(Yeah.)

I be- lieve, _____ I real- ly do be- lieve _____ that.
(Yeah.)

Bright '60s Rock

Some-thing's got a hold on me, ____ yeah. (Oh, it must be love.)

Oh, _____ some-thing's got a hold on me right ___ now, child. __

(Oh, it must be love.) Let me tell you now, { I got a feel-ing, I
{ I've nev-er felt like

feel so strange. ___ Ev - 'ry - thing a - bout me seems to have changed. ___
this be - fore. ___ Some - thing's got a hold on me that won't let go.

Step by step, I got a brand new walk. I e - ven sound sweet - er ___
Be - lieve, I'd die if I on - ly could. I feel ___ so strange, but it

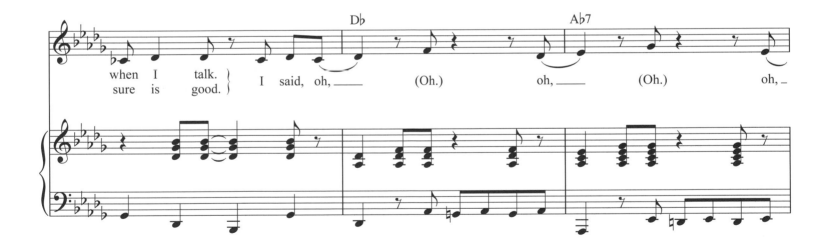

when I talk. } I said, oh, ___ (Oh.) oh, ___ (Oh.) oh, _
sure is good. }

___ (Oh.) oh, ___ (Oh.) hey, ba - by, ___

oh, it must be love. ___ (You know it must be love.) Let me tell you now.

Let me tell you now, ___ my heart feels hap - py, my

feet feel light. I shake all o - ver, but I feel al - right.

I nev - er felt ___ like this be - fore.

Some-thing's got a hold on me that won't let go. I,____

____ I nev - er thought ____ it could hap - pen to me.

Got me hap - py when I'm in mis - er - y.

I nev - er thought ___ it could be this way. Love's sure gone ___ and put a

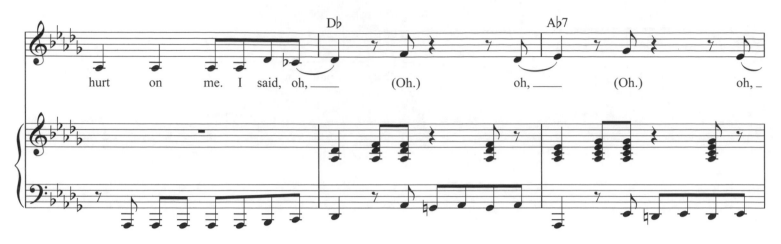

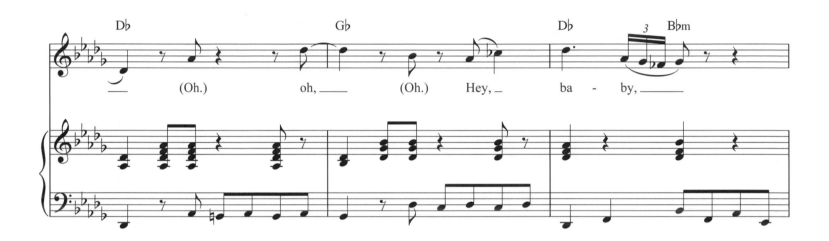

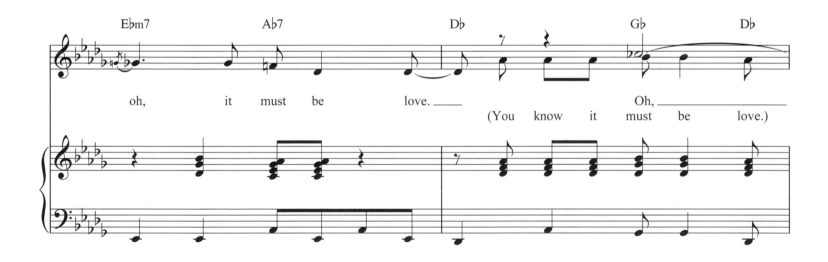

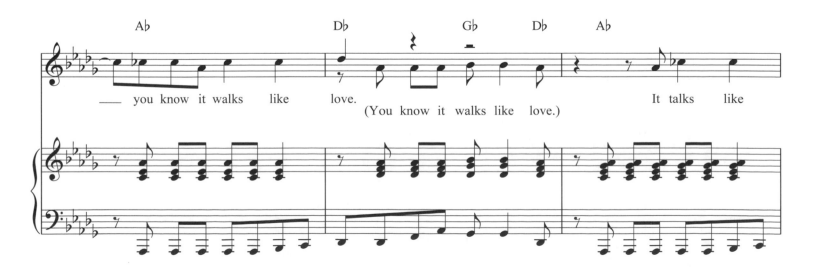

love. (You know it talks like love.) Makes me feel al - right.

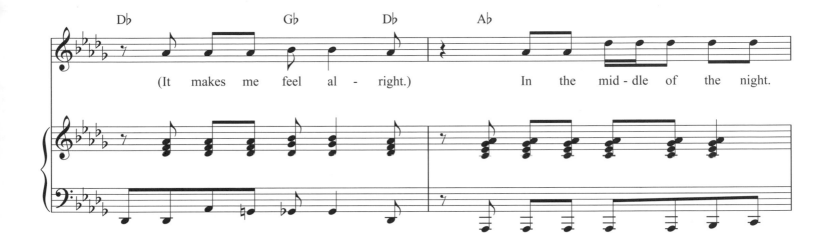

(It makes me feel al - right.) In the mid - dle of the night.

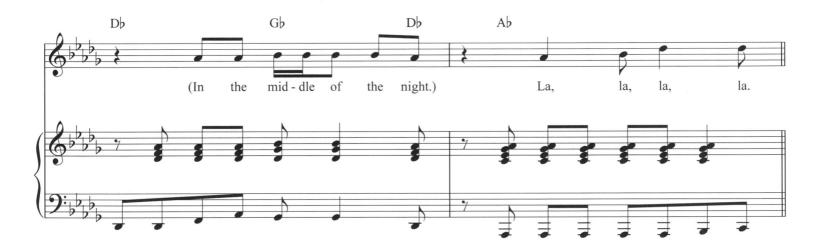

(In the mid - dle of the night.) La, la, la, la.

Repeat and Fade

Optional Ending

(La, la, la, la.) La, la, la, la. (La, la, la, la.)

SECURITY

Words and Music by OTIS REDDING
and MARGARET WESSON

Se - cu - ri - ty, yeah, yeah, _____

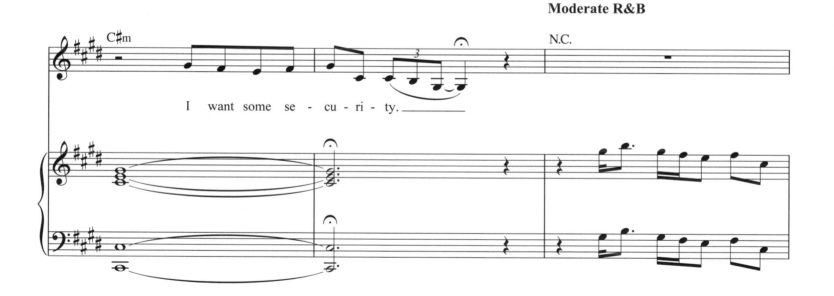

I want some se - cu - ri - ty. _____

I want se-cu-ri-ty, yeah. ___ With-out ___ it, I'm at a

great loss, yes I am, now. Se-cu-ri-ty, yeah, yeah,

and I want it at an-y cost, yes I do,

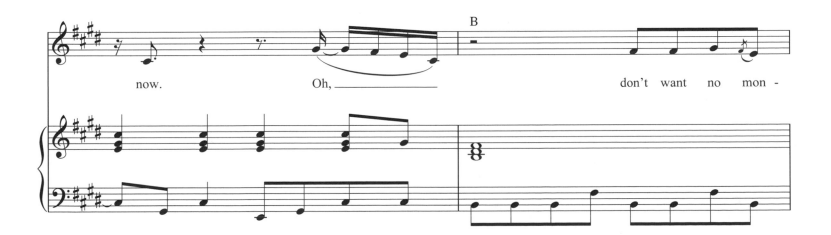

now. Oh, _____ don't want no mon -

ey, na, na, na, na, na, na, now,　　Don't want no pay.　　But with se-

cu - ri - ty, yeah, yeah.　　I'll have all these things,　　yes I will,

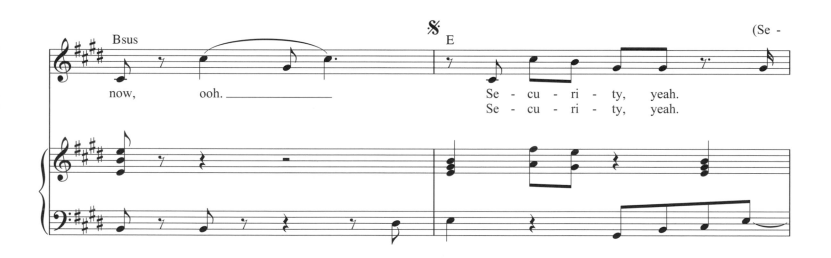

now,　　ooh.　　Se - cu - ri - ty, yeah.
　　　　　　　　　　Se - cu - ri - ty, yeah.　　(Se -

cu - ri - ty.)　　That's all I＿ want from you,　　yes I do,　(Se -
　　　　　　　I'll tell you＿ once a - gain.　　yes I will,

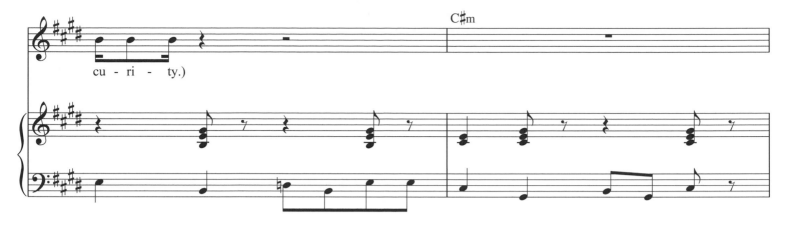

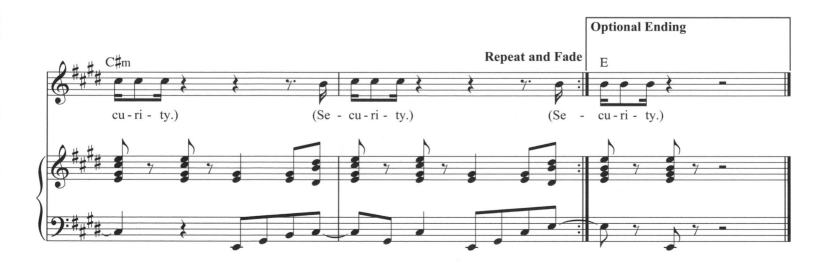

SPOONFUL

Written by
WILLIE DIXON

Wom - en die for that spoon - ful. __ Yeah, _____ and men __ cry for that spoon-

- ful. ___ Yeah, _____ wom - en lie for that spoon - ful. __ Yeah, _____

__ now men __ sigh for that spoon - ful. __ *Girl:* Yeah, yeah.

Yeah, _____ yeah, _____ that spoon, that spoon, that

spoon - ful. *Guy:* Yeah, it

could be a spoon - ful of cof - fee, it could be a spoon - ful of tea.

Not a knife, not a fork, but a spoon, _____ ba - by, is

good e - nough _ for _ me. Men _ lie for that spoon - ful. _ Yeah, _

wom - en die ___ for that spoon - ful. ___

Guy: You know ___ they sigh ___ for that spoon - ful. ___ *Girl:* Yeah, ___

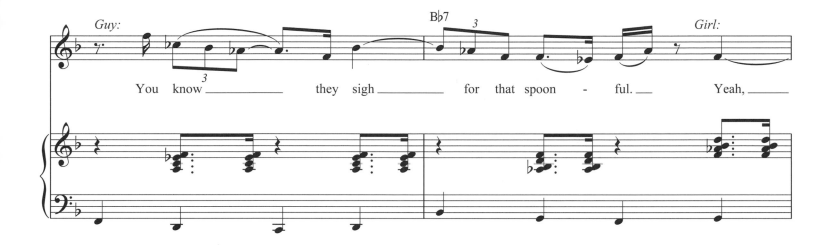

___ now they cry ___ for that spoon - ful. ___ *Girl:* Yeah, yeah. *Guy:*

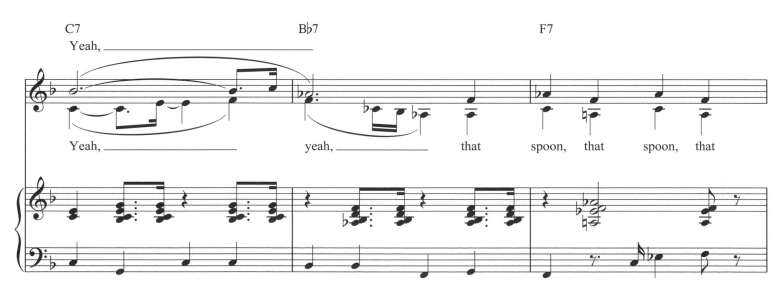

Yeah, ___ Yeah, ___ yeah, ___ that spoon, that spoon, that

spoon - ful. *Guy:* Yeah.

Girl: Oh, _____ now it could be a spoon - ful of dia-

- monds, could be a spoon - ful of gold.

Just a lit - tle spoon of your _____ pre - cious love will sat - is - fy _____ my soul _____

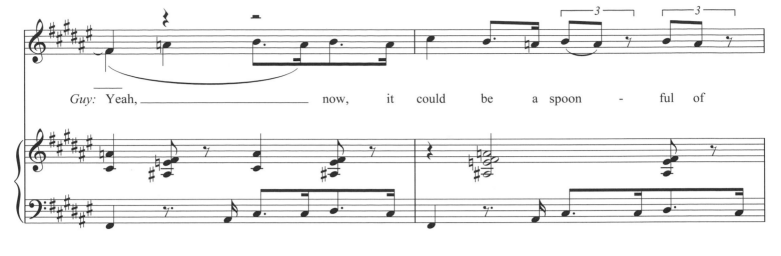

Guy: Yeah, _____ now, it could be a spoon - ful of

cof - fee, cof - fee, cof - fee, it could be a spoon - ful of tea. ___ And

just a lit - tle spoon of your ___ pre - cious ___ love ___ is good e - nough for ___

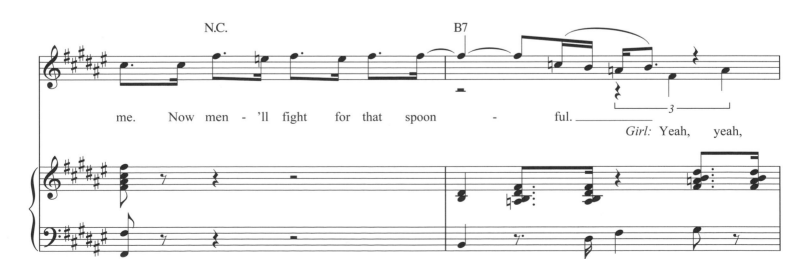

N.C.　　　　　　　　　　　　　　B7

me. Now men - 'll fight for that spoon - ful. ___ *Girl:* Yeah, yeah,

yeah, they die ___ for that spoon - ful. __ Yeah, yeah, ___ they __ sigh for that spoon-

___ ful. __
Girl: Yeah, ___ now, they fight for that spoon - ful. ___

Girl: Yeah, yeah.
Yeah, ___
Girl: Yeah, ___ yeah, ___ that

Repeat and Fade | **Optional Ending**

spoon, that spoon, that spoon - ful. That spoon - ful.

STORMY WEATHER
(Keeps Rainin' All The Time)

Lyric by TED KOEHLER
Music by HAROLD ARLEN

Relaxed and Bluesy

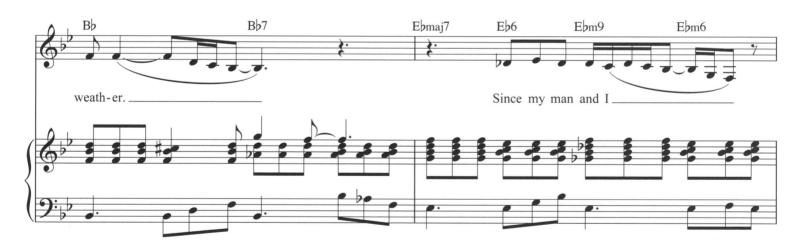

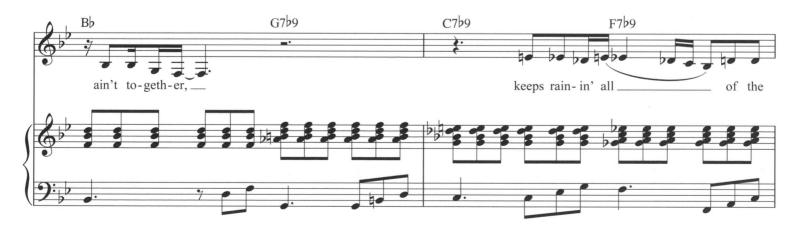

time. Oh, ___ yeah, ___ life is bare, ___ gloom and

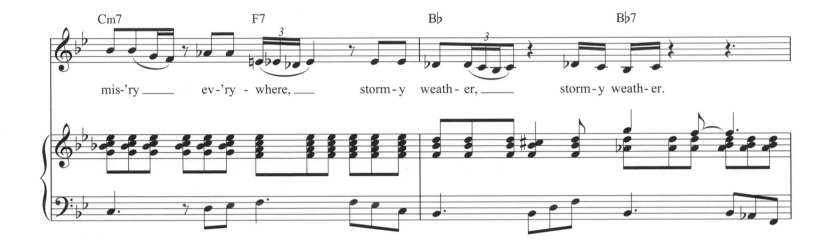

mis-'ry ___ ev-'ry - where, ___ storm-y weath - er, ___ storm-y weath - er.

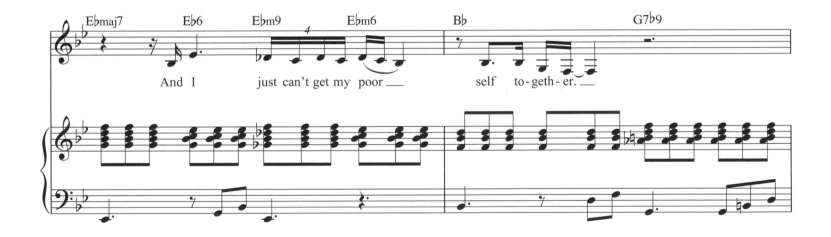

And I just can't get my poor ___ self to-geth - er.

Oh, ___ I'm wear-y all ___ of the time, ___ the ___

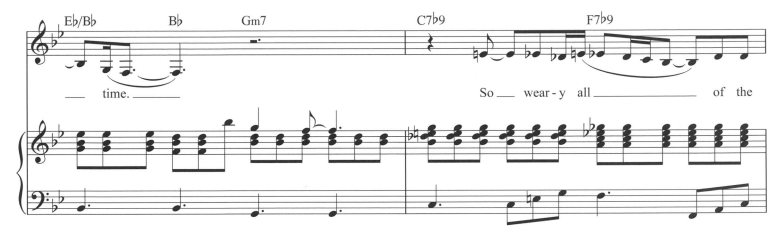

time. So wear-y all of the

time. When he went a - way,

the blues walked in and met me. Oh, yeah, if he stays a - way, ol'

rock - in' chair is gon-na get me. All I do is pray

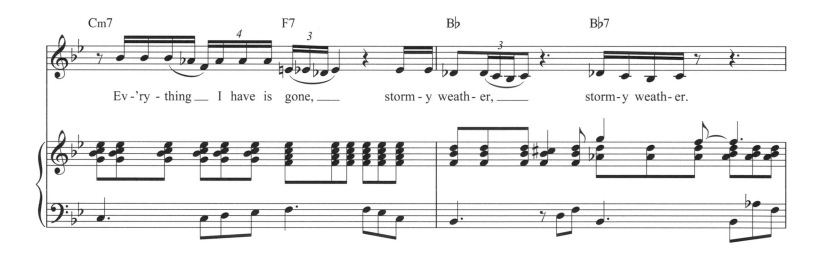

keeps rain-ing all _____ of the time. ___ Oh, _____

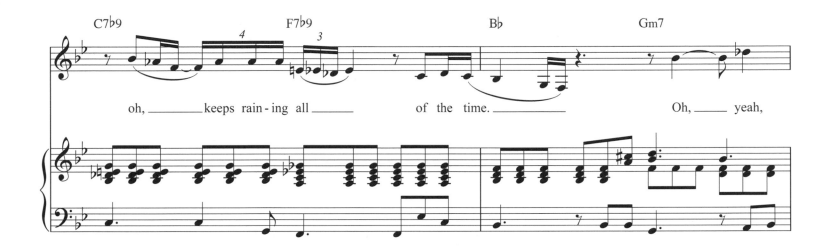

oh, _____ keeps rain-ing all _____ of the time. _____ Oh, _____ yeah,

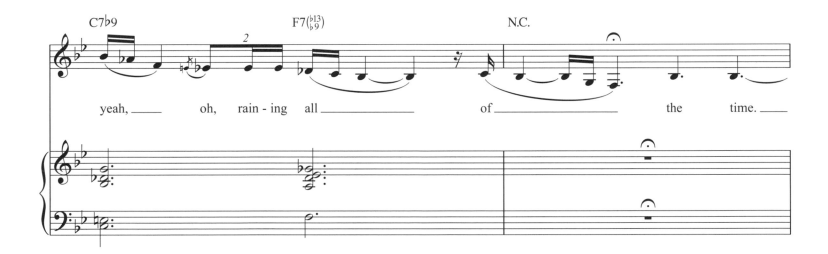

yeah, _____ oh, rain-ing all _____ of _____ the time. _____

___ Storm-y, storm-y, ___ Storm-y weath-er, _____ yeah.

STOP THE WEDDING

Words and Music by FREDDY JOHNSON,
LEROY KIRKLAND and PEARL WOODS

If she knew ___ the in - side ___ sto - ry, ___

she'd tell you what you're do - ing ___ just ain't right.

I know you don't want to hurt me, ___

so stop this mad - ness be - fore it starts. ___

Re-venge ___ will on-ly cause you re-gret. ___

(Oh, don't break ___ two hearts.) ___

So don't do it, don't do it, don't break two hearts. 'Cause you be-long ___

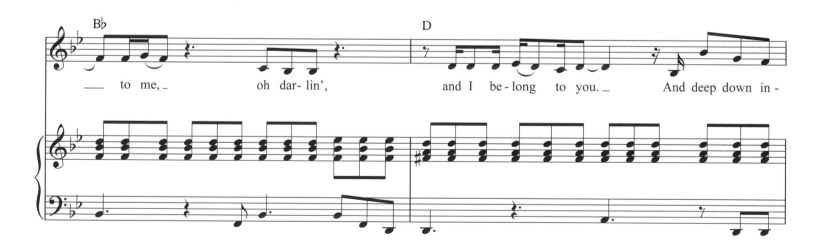

___ to me, ___ oh dar-lin', and I be-long to you. ___ And deep down in-

side ___ me now, ___ I know you feel ___ that way too. So ba-by, don't

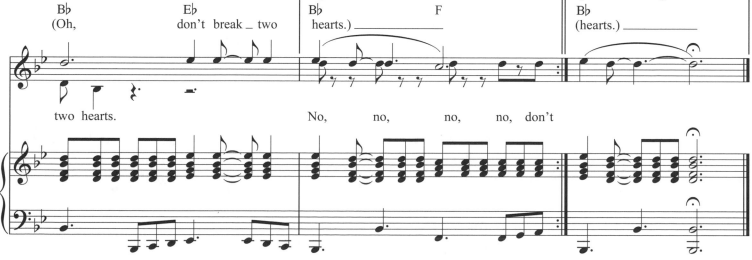

TELL MAMA

Words and Music by CLARENCE CARTER,
MARCUS DANIEL and WILBUR TERRELL

Bright Soul Groove

You thought you had found a good girl, one to love you and
That girl you had didn't have no sense. She wasn't worth all

give you the world. Now you find that you been mis-used.
the time that you spent. She had an-oth-er man throw you out-doors.

Talk to me,___ I'll do what you choose.___ I want___ you to } tell Ma-
Now the same man is wear-in' your clothes.___ I want___ you to }

ma all a-bout___ it. Tell Ma - ma what you need. ___

___ Tell Ma - ma what you want, ___ and

I'll make ev - 'ry - thing all right.

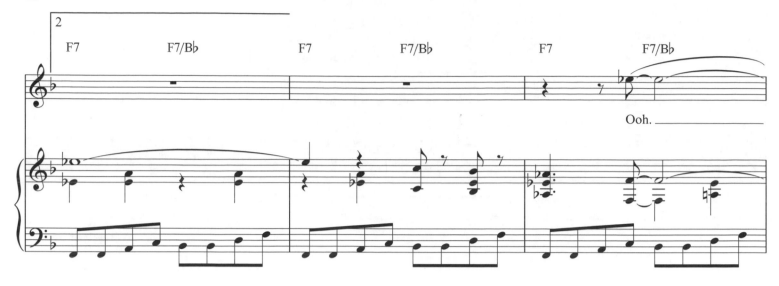

TRUST IN ME

Words and Music by MILTON AGER,
JEAN SCHWARTZ and NED WEVER

Moderately Slow

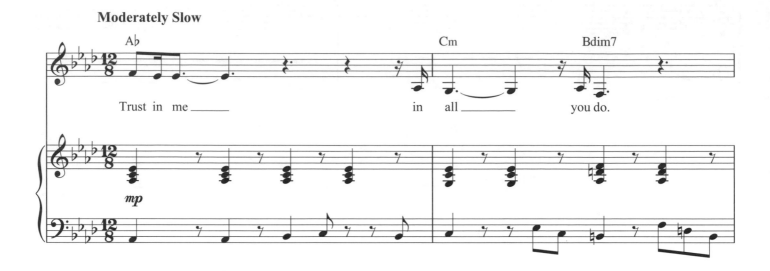

Trust in me _____ in all _____ you do.

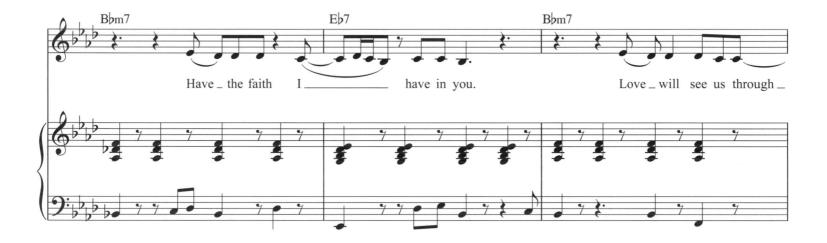

Have _ the faith I _____ have in you. Love _ will see us through _

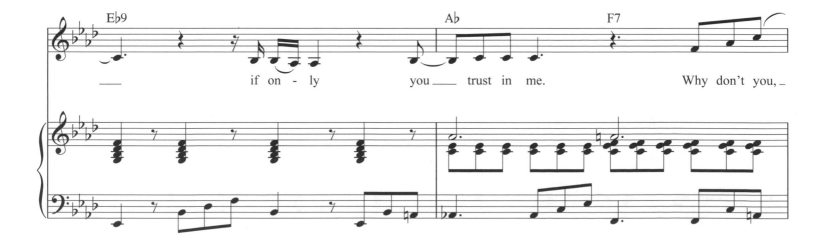

_ if on - ly you _ trust in me. Why don't you, _

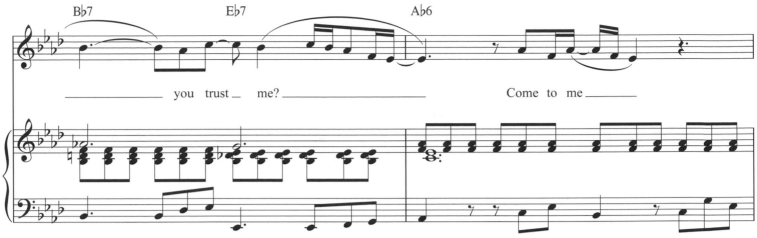

you trust me? Come to me

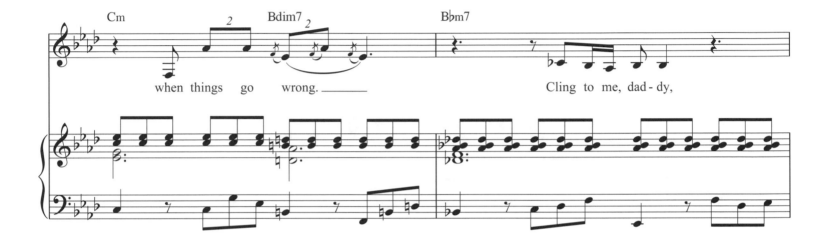

when things go wrong. Cling to me, dad-dy,

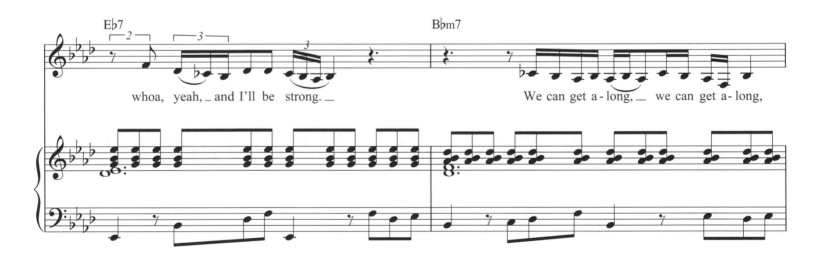

whoa, yeah, and I'll be strong. We can get a-long, we can get a-long,

oh, if on-ly you trust in me.

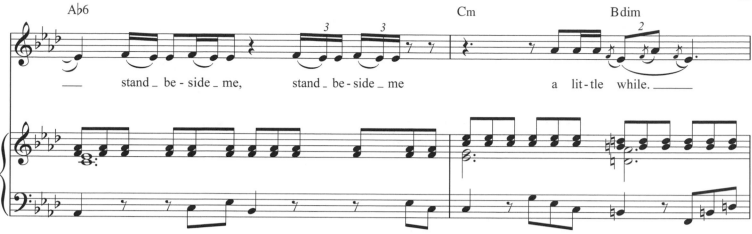

stand _ be - side _ me, stand _ be - side _ me a lit - tle while. _____

Come on dad - dy, face the fu - ture, why don't you smile? _____

Trust in me, _ and I'll ___ be worth-y of you, _

oh, _____ yeah, - yeah. ___ Why don't you, ___ you trust in me,

in all ___ you do, ___ and have ___ the faith ___ I, ___

I have ___ in you? ___ Oh, ___ and love ___ will see us ___ through

if on - ly ___ you ___ trust in me, ___ yeah, ___

yeah, ___ yeah. ___ Why don't you, ___ you come to me,

when things __ go __ wrong? __ Cling __ to me, _____ and whoa, _____

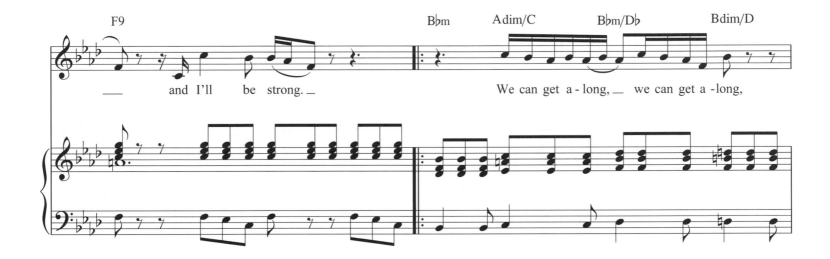

__ and I'll be strong. __ We can get a-long, __ we can get a-long,

Repeat and Fade

oh, __ if on-ly _____ you trust in me. *Vocal ad lib. through fade*

Optional Ending

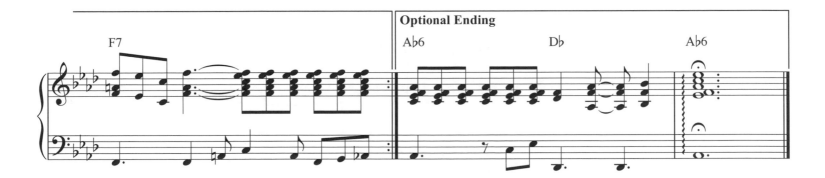

W-O-M-A-N

Words and Music by ETTA JAMES,
ABBY MALLORY, DOROTHY HAWKINS
and JEAN MITCHELL

Slow Blues

ba - by, you're aw - ful slow, ___ and oh, __ oh, _____ oh, ___ yeah,   oh, __ oh, ___   oh, __

some - thin' to make you cry, ___ }

_____ oh, __   oh, __ oh. __ I'm a W. ___ O. M. __

A.   N.,   a wom - an,   a wom - an,   now.

a wom - an,   yeah,   a wom - an.   Yeah, ___ you know,   now Dav - y Croc - kett, he was the king

W. _ O. M. A. N., ___ and oh, oh, _ oh, ___ oh, oh, _ oh, _ oh, _

_____ oh, _ yeah, _ oh, _ oh. _ I'm a W. _ O. M. _

one A and a N., ___ a wom-an, a wom-an.

Repeat and Fade | **Optional Ending**

Vocal ad lib. to end

A SUNDAY KIND OF LOVE

Words and Music by LOUIS PRIMA,
ANITA NYE LEONARD, STANLEY RHODES
and BARBARA BELLE

Slow and easy

I ___ want a Sun-day kind of love, a love ___ to last past ___

___ Sat-ur-day night. And I'd _____ like to know _____

it's more than love at first sight. ___ And I want a Sun-day _____ kind ___

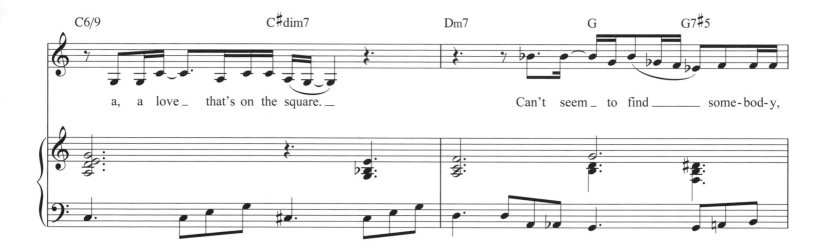